# Zwergkaninchen halten für Einsteiger

Wie Sie Ihr Kaninchen ideal halten, pflegen, beschäftigen und zähmen – inkl. Notfallplan bei Krankheit

Thorsten Böhmer

# INHALT

# Das erwartet Sie in diesem Buch

Dieses Buch richtet sich an Zwergkaninchen-interessierte und an Menschen, die über eine Haltung dieser Haustiere nachdenken. Erfahren Sie, wie viel Platz ein Zwergkaninchen benötigt und welche Versorgung in Sachen Ernährung zwingend nötig ist.

Ein Zwergkaninchen ist ein kleiner Rabauke, der ausschließlich in der Paarhaltung oder in der Gruppe leben möchte. Mit diesem Ratgeber möchten wir Ihnen nahebringen, wie sich Kaninchen verhalten. Tauchen Sie kurz in die Geschichte der Zwergkaninchen ein.

Denn wer die Vorgeschichte eines Tieres kennt, wird der Haltung gerechter. Erfahren Sie, woher das Zwergkaninchen ursprünglich kommt und wie es zu einem der beliebtesten Haustiere wurde.

Wir geben in diesem Ratgeber einen Eindruck, wie man Zwergkaninchen artgerecht hält, es richtig versorgt und wo man es kaufen sollte. Sie erhalten einen kurzen Einblick über das Verhalten von Kaninchen allgemein und was Sie vor dem Kauf für die Unterbringung bedenken müssen. Lesen Sie die Vor- und Nachteile einer Wohnungshaltung und welche Möglichkeiten umzusetzen sind, wenn Sie Kaninchen nur innen halten können. Die Unterbringung ist für ein harmonisches Miteinander immens wichtig, daher finden Sie in diesem Buch wertvolle Tipps, welche Unterbringungsmöglichkeiten gibt und wie Sie diese sinnvoll einrichten. Erfahren Sie, wie Sie ein Kaninchen zutraulich bekommen und welche Beschäftigungsmöglichkeiten ein Kaninchen glücklich machen. Dieser Ratgeber informiert Sie über die typischen Krankheitsbilder und wie Sie diese erkennen können. Viel Spaß beim Lesen.

# Abstammung und Herkunft

Zwergkaninchen stammen von dem in Spanien lebenden Wildkaninchen ab. Wildkaninchen finden ihre erste Erwähnung bereits zu Zeiten 360 v. Chr. Phönizier berichteten von Tieren, die in unterirdischen Gängen lebten. Sie wurden schnell zu Haustieren und wurden damals schon in ummauerten Außengehegen gehalten. Wie es genau dazu kam, kann heute keiner sagen.

Ähnlich wie beim Hund wurden die wilden Kaninchen domestiziert und gezähmt. Ein Grund dafür könnte ihr rascher Fortpflanzungstrieb sein. Schon damals wurde beobachtet, dass die Weibchen bereits beim Stillen des aktuellen Wurfes schon wieder trächtig waren.

Dies garantierte schnell und sicher Nachwuchs in den Gruppen und da die Wildkaninchen vor allem ein Fleischlieferant waren, war auch die Nahrungsquelle gesichert. Was für die Haltung von Vorteil war, wurde in der freien Natur unter Siedlern schnell zu einem Nachteil. Die wilden Vorfahren der Zwergkaninchen galten schnell als Plage, als sie in neuen Ländern angesiedelt wurden. Sie zerstörten die Ernten und richteten große Schäden an.

Durch ihr starkes Vorkommen werden sie bis heute bevorzugt gejagt. Dies begünstigte sicherlich auch eine Haltung in Gehegen, da man die Wildkaninchen besser von den Erntegebieten fernhalten konnte. Über die Römer verteilten sich die Wildkaninchen in ganz Europa und fanden ihre erste Erwähnung in Deutschland um 1149. In Übermittlungen spricht man von Kaninchengärten.

Die darin lebenden Kaninchen haben mit den heute vorkommenden Rassen jedoch noch keine Ähnlichkeit. Es folgten Aussetzungen auf den europäischen Inseln, wo sie in freier Wildbahn schnell als Plage angesehen wurden. Wildkaninchen leben in großen Familienverbänden, was auf ihren starken Fortpflanzungstrieb zurückzuführen ist. Zudem besaßen sie in den neuen Gebieten wenige Feinde, denn auch diese wurden stark bejagt.

Die Haltung in Gehegen wurde daher gezielt fortgeführt, um die Kaninchen zu zähmen. Erst mit der Änderung von der Gehege-Haltung zu einer heute sehr ähnlichen Stallhaltung konnte auch das starke Paarungsverhalten kontrolliert werden. Davor lebten die Kaninchen auch sehr gern im Kuhstall und wurden lange als Kuhhasen betitelt. In vielen ersten Lexika wird von dem Kaninchen in den Farben grau, schwarz, weiß und gescheckt gesprochen. Die typischen Hauskaninchen und Zwergkaninchen, wie wir sie heute kennen, wurden ab 1800 in Frankreich gehalten und dort von deutschen Soldaten im Dreißigjährigen Krieg nach Deutschland gebracht.

Mit diesem Zeitpunkt entstand der Begriff Stallhase und nach und nach entstanden die heute bekannten Kaninchenrassen, darunter auch die Zwergkaninchen. Kaninchen sind Pflanzenfresser und werden in der Biologie zu den Arten der Blattfresser (Folivoren) gezählt. Man sagt zwar umgangssprachlich Nager zu Ihnen, sie gehören aber nicht in diese Gattung. Zu den Nahrungsquellen zählen Gräser, Klee und Gras. In ihrer Heimat Spanien sind vor allem wilde Kräuter stark in der Natur vertreten, daher ist dies bis heute eine wichtige Nahrungsgrundlage für alle Kaninchenarten.

Im Winter kommen außerdem Knospen, Rinden und Wurzeln hinzu, um das geringe Nahrungsaufkommen der Gräser und Kräuter auszugleichen. Mit der Haltung in Gehegen und Kuhställen kamen neue Nahrungsquellen wie Gemüse dazu. Hier ist sicherlich auch das typische Bild des Möhre-fressenden Kaninchens entstanden. Es folgten neue Speisepläne aus Heu, Küchenabfällen und Trockenfutter. Es wurde auch beobachtet, dass Kaninchen in Ställen Fleischreste vertilgten.

# Das Zwergkaninchen

## VOM NUTZTIER ZUM HAUSTIER

Von den ersten Hauskaninchen, wie wir sie heute kennen, ist ab 1800 die Rede. Die Franzosen haben sich auf die Haltung der domestizierten Kaninchen spezialisiert und erkannt, dass die Haltung in Ställen viele Vorteile mit sich bringt.

Die Kaninchen waren eine wichtige Nahrungsquelle für die Menschen und durch die geringe Körpergröße war eine Haltung einfacher als zum Beispiel Schweine oder Kühe. Ställe wurden gebaut, in denen die Tiere eine neue Haltung erfuhren. So konnte eine ideale Dosierung des Futters erreicht werden. Da Kaninchen sich in der freien Wildlaufbahn stark vermehren, ist durch gezieltes Zusammensetzen die Zucht in Ställen kontrollierbarer.

Neben dem Nützlichen wurden die Kaninchen aber auch immer beliebter als Haustier in den Familien. Durch gezieltes Verpaaren konnten auch neue Rassen entstehen.

## ZUCHTFORMEN UND ARTEN

Im Laufe der Zeit entstanden neue Rassen, die inzwischen in dem größten Kaninchenzuchtverein geregelt sind, dem Zentralverband Deutscher Rasse-Kaninchenzüchter e. V. Heute unterscheidet man Kaninchen in folgende Kategorien:

Abteilung I: Hier sind die großen Vertreter eingeordnet, die sogenannten großen Normalhaar-Rassen, die sich durch ein Gewicht über 5,5 kg auszeichnen. Hierzu zählen die Rassen Deutscher Riese, der in der Regel grau gefärbt ist. Weiter sind der Deutsche Riesenschecke und der Deutsche Widder in dieser Kategorie angeordnet. Die Widder zeichnen sich durch ihre Hängeohren aus.

Abteilung II sind die mittelgroßen Normalhaar-Rassen, die mit einem Gewicht bis 5,5 kg daherkommen. In dieser Kategorie sind die meisten Kaninchenrassen zu finden, unter anderem der Meißner Widder, der Helle Großsilber, der Großchinchilla sowie die Mecklenburger Schecke. Weitere Unterrassen sind der Englische Widder, der Deutsche Großsilber, der Burgunder, Blaue Wiener sowie der Blaugraue, der Schwarze, Weiße und der Graue Wiener, der Weiße Hotot, der Rote Neuseeländer, der Weiße Neuseeländer und das Große Marderkaninchen. Kaninchen wurden auch nach ihrer Herkunft eingeordnet, wie der Kalifornier, der Japaner, die Rheinische Schecke, der Thüringer sowie die Rassen Alaska und Havanna. Zuletzt zu erwähnen sind die Weißgrannen und das Hasenkaninchen, dessen Körperbau dem des Hasen ähnelt.

Abteilung III: Hier sind die kleinen Normalhaar-Rassen zugehörig, deren Körpergewicht bis zu 3,75 kg erreicht. Dies sind die Rassen Kleinschecke, Separator, Deutsche Kleinwidder, Kleinchinchilla, Deilenaar, Marburger Feh, Sachsengold, Rhönkaninchen, Luxkaninchen, Perlfeh, Kleinsilber, Englische Schecke, Holländer, Lohkaninchen, Marder–kaninchen, Siamesen, die Schwarzgrannen, Russen und die Kastanienbraune Lothringer.

Die Zwergkaninchen sind in der Abteilung IV zu finden und werden hier als Normalhaar-Zwergrassen mit einem Gewicht bis 2 kg bezeichnet. Das sind die Widderzwerge, die Zwergschecken, das Hermelin und die Farbenzwerge.

In Abteilung V sind Haarstruktur-Rassen eingeordnet, die sich durch ein glänzendes Fell und ein Gewicht bis 4 kg auszeichnen. Das sind das Satin-Elfenbein, das Satin-Schwarz, das Satin-Blau, das Satin-Havanna, das Satin-Rot, das Satin-Feh, das Satin-Kalifornier, das Satin-Hasenfarbig, Satin-Thüringer, das Satin-Chinchilla, Satin-Siamese, das Satin-Castor und das Satin-Lux.

In Abteilung VI werden weitere Rassen genannt, die der Kurzhaarrassen, die sogenannten Rex-Kaninchen. Sie besitzen eine Haarlänge von weniger als 20 mm. Das sind die Chin-Rexe, die Blau-Rexe, die Weiß-Rexe, die Dreifarben-Schecken-Rexe, die Dalmatiner-Rexe, die Gelb-Rexe, die Castor-Rexe, Schwarz-Rexe, die Havanna-Rexe, die Blaugraue Rexe, die Rhön-Rexe, die Japaner-Rexe, die Feh-Rexe, die Lux-Rexe, die Loh-Rexe, die Marder-Rexe, die Russen-Rexe und aus dem Kreis der Zwergkaninchen die Zwerg-Rexe, auch Rexzwerge genannt.

Zuletzt findet sich noch die Abteilung VII, in

denen die Langhaarrassen zu finden sind. Sie besitzen eine Haarlänge über 40 mm. Dazu zählen die Angora. Sie sind weiß und werden regelmäßig geschoren. Ihr Fell dient uns im Kleidungssektor, daher sind sie sehr bekannt. Weiter sind hier die Fuchskaninchen, farbig, und wie die Jamora, das Zwergfuchskaninchen, auch einfach Fuchszwerge genannt, zu nennen. Sie besitzen oft auch einfach weißes Fell.

Dieses kleine Kaninchenlexikon ist für Sie wichtig, wenn Sie die Kaninchenhaltung etwas professioneller angehen wollen und auf Ausstellungen antreten möchten. Diese Kategorien sind aber nur für deutsche Ausstellungen relevant. Die internationalen Standards gliedern sich etwas anders. Hier unterscheidet man einfach in große, mittlere und kleine Rassen sowie in Zwergrassen und nach Haarstrukturen, ähnlich dem deutschen Vorbild.

Die heute bekannten Zwergkaninchen sind also eine eigene Kategorie für sich, wenn man nach dem europäischen Standard geht. Grob werden sie unterschieden in Hermelin und Farbzwerge. Sie kommen mit einem Gewicht von 1000 – 1200 g daher und ihre Ohren sind nie länger als 5 cm.

Es gibt folgende Unterrassen bei den Zwergkaninchen:

Das Hermelinzwergkaninchen ist aufgrund fehlender Farbpigmente komplett weiß und besitzt in der Regel rote oder blaue Augen. Man zählt es zu den Albinos, die sehr lichtempfindlich sind. Die Körperhaltung ist sehr gedrungen und ein wesentliches Merkmal ist der nicht sichtbare Hals. Weiter gibt es die Farbzwerge, die in Körperhaltung dem Hermelin sehr ähneln. Sie erreichen eher zwei Kilo Körpergewicht, anders als bei der Unterrasse der Fuchszwerge. Sie kommen mit einem Körpergewicht von maximal 1,35 kg daher und sind unter den Zwergkaninchen die absoluten Zwerge. Sie sind eine sehr ruhige, ausgeglichene Kaninchenrasse.

Weiter gibt es die Rexzwerge, die sich durch ihr sehr kurzes Fell auszeichnen. Sie sind sehr pflegeleicht und gut für die Wohnungshaltung geeignet.

Die beiden Rassen Zwergwidder und Jamora sind mit einem Körpergewicht von bis zu 2,5 kg etwas schwerer und daher nicht richtig den Zwergkaninchen zuzuordnen. Dennoch sind sie für die normal großen Rassen zu klein. Die Zwergwidder zeichnen sich durch ihre Hängeohren und den gebogenen Nasenrücken aus. Die Teddywidder sind eine eigene Rasse, ähneln aber dem Zwergwidder sehr. Sie besitzen lediglich eine andere Fellstruktur. Besonders beliebt sind die

Löwenkopfzwerge, da ihre Mähne um den Hals generell verfilzt und daher die Pflege als leichter empfun-
den wird. Und dann gibt es noch die Teddyzwerge, die
sich durch ihr besonders weiches und langes Fell auszeichnen.

# VORAUSSETZUNG FÜR DIE HALTUNG

Wer im ersten Kapitel gut aufgepasst hat, weiß, dass
die Wildkaninchen in Gruppen leben und große Fami-
lienverbände besitzen. Die heute lebenden Hauskaninchen, also auch das Zwergkaninchen, dürfen daher nie
allein gehalten werden. Sie lieben Spielgefährten ihresgleichen und wollen toben und spielen.

Wie auch bei anderen Haustieren kommt es vor
allem auf die richtige Körpersprache an. Und am besten unterhalten sich Kaninchen mit ihresgleichen. Ein
sehr verbreiteter Irrglaube ist, dass die Kaninchen mit
Meerschweinen zusammengesetzt werden können.
Meerschweinchen stammen aber aus Südamerika und
unterhalten sich ganz anders als Kaninchen. Es wird
von einer Haltung zusammen abgeraten. Auch Menschen können keinen adäquaten Partnerersatz darstellen. Kaninchen werden gern als Haustiere für Kinder

angeschafft. Bitte bedenken Sie aber, dass Kaninchen nicht kuschelbedürftig sind.

Das typische Bild vom Hasen auf dem Arm von Kindern und Erwachsenen ist falsch. Sie mögen es schlichtweg nicht, diese Nähe zu spüren. Nähe lassen sie nur von ihresgleichen zu. Im Idealfall setzt man einen kastrierten Bock und ein Weibchen zusammen. Zwei Männchen werden sich unter Umständen bekriegen, weil sie Platzkämpfe austragen. Wer mehr als zwei Kaninchen halten will, sollte auf ein Gleichgewicht von Böcken und Weibchen achten. Eine Vergesellschaftung in eine bestehende Gruppe ist aber meist möglich. Im weiteren Text wird noch beschrieben, wie das am besten funktioniert.

Bevor Sie über eine Haltung nachdenken, sollten Sie sich bewusst sein, dass ein Kaninchen viel Anspruch besitzt. Es ist zwar ein kleines Lebewesen und braucht sicherlich keine 50 qm zum Leben, wer aber Kaninchen in der Natur beobachtet, kann sehen, wie ausgiebig sie rennen, flitzen und Haken schlagen. Und das sollte bei der Unterbringung unbedingt bedacht werden. In Fachliteraturen und im Internet wird für ein Kaninchen 2 qm als Platz angegeben. Unter Kaninchenliebhabern ist es aber bekannt, dass dies noch zu wenig ist.

Rechnen Sie lieber mit 5 qm pro Tier, denn auch Kaninchen mögen nicht immer auf derselben Stelle laufen. Kaninchen sind wahre Buddelmeister. Eine Haltung im Außenrevier ist daher die beste Haltungsart. Natürlich besitzt nicht jeder einen Garten, daher ist eine Balkon- oder Innenhaltung auch gemütlich für die Tiere. Hier sollte jedoch auf ausgiebige Abwechslung geachtet werden. Im Punkt „Unterbringung des Zwergkaninchens" wird darauf noch näher eingegangen.

Neben der Haltung sollte vor der Anschaffung eines Kaninchens auch das langjährige Miteinander bedacht werden. Ein Kaninchen kann bis zu 10 Jahre und länger leben. So sollten Sie zum Beispiel als Familie darüber nachdenken, was ist, wenn Kaninchen im Jugendalter der Kinder angeschafft werden. Die Kinder verlassen das Elternhaus und meist bleiben die Kaninchen im Elternhaus zurück. Die Pflege und Betreuung bleibt bei den Eltern, was vorher womöglich die Alltagsaufgaben der Kinder waren. Wenn sie allein leben, bedenken Sie bitte, ob sie tagsüber genügend Zeit aufbringen können neben Arbeit, Einkaufen und Kochen. Weiter sollte bedacht werden, ob Umzüge anstehen, bei dem auch die Haltungsart geändert werden muss. Ist im neuen Quartier eine artgerechte Haltung weiter möglich? Wer bereits andere Tiere zusätzlich im Haushalt leben hat, sollte gewährleisten können, dass auch genügend Zeit für das Kaninchen bleibt und ob sich ein Zusammenleben in Haus oder Wohnung vereinbaren lässt.

Ein weiterer Zeitfaktor ist die tägliche Reinigung des Geheges oder Stalls, eine tägliche Beschäftigung für die Tiere bis hin zur Fütterung. Täglich frisches Grünzeug ist unabdingbar. Kaninchen leben von Blattzeug, dies sollte also unbegrenzt den ganzen Tag zur Verfügung stehen. Der Magen will den ganzen Tag in Bewegung sein. Nahrungsangebote aus den hiesigen Tierfachgeschäften sind nur eine kleine Alternative und bieten nicht genügend lebenswichtige Grundlagen für das Kaninchen.

Im Punkt Ernährung wird weiter darauf eingegangen. Und dann wollen die meisten Menschen im Urlaub verreisen. Somit sollte eine adäquate Urlaubsbetreuung im Vorfeld geklärt sein. Die Urlaubsbetreuung sollte sich bewusst sein, dass tägliche Aufgaben auf sie zukommen.

Sind diese Punkte geklärt und man kann den kleinen Vierbeinern ein gerechtes Zuhause bieten, bleibt die Frage: Woher hole ich mir ein Kaninchen? Es gibt in Deutschland etliche Züchter, die Sie hierbei intensiv beraten können. Wichtig ist, dass Sie sich bei Ihrem Gegenüber wohlfühlen und ein gutes Gefühl haben. Sind vor Ort die Elterntiere zu sehen, ist das immer in gutes Zeichen. Ein guter Züchter wird Ihnen ein Tier niemals gleich beim ersten Besuch mitgeben.

Er ist vor allem daran interessiert, den oder die neuen Besitzer kennenzulernen. Denn auch er will sichergehen, wohin seine Tiere kommen. Sicherlich werden die neuen Besitzer mit vielen Fragen konfrontiert werden, ob z. B. Erfahrung in der Haltung von Kaninchen vorhanden ist. Im Idealfall möchte er sich auch das neue Zuhause anschauen, ob die neuen Besitzer alle Voraussetzungen erfüllen. Ist das Platzangebot da? Hat sich der neue Besitzer mit der Haltung und Ernährung im Vorfeld befasst? Er weiß, wie viel Zeit ein Kaninchen in Anspruch nimmt. Bitte sehen Sie dies nicht als übereifrige Kontrolle oder Bevormundung an. Ein guter Züchter liebt seine Tiere und für ihn sind diese keine Ware, mit der man Geld verdient. Sie sind Familienmitglieder und die möchte man in guter Gesellschaft wissen. Wenn auch Sie ein gutes Gefühl bei dem Züchter entwickelt haben, schauen Sie sich seine Haltung vor Ort an. Entspricht dies Ihren Vorstellungen, sind die Grundlagen für eine gute Vermittlung gegeben.

Ein Blick in den Wurf sollte definitiv gegeben sein. Es ist wichtig, alle Kaninchenbabys aus dem Wurf ausgiebig kennenzulernen und nicht gleich das „erstbeste" auszusuchen. Welches Tier ist am neugierigsten? Welches fordert am meisten und welches setzt sich gegen die anderen am stärksten durch? Beobachten Sie die kleinen genau, setzen Sie sich zu Ihnen und lernen Sie alle kennen.

Die Abgabe erfolgt, wenn die Kleinen mindestens zehn Wochen alt sind. Vorher sollten sie nicht von dem Muttertier getrennt werden. Vor allem ist es wichtig, mit dem Züchter auch zu klären, wenn bereits Kaninchen im Haushalt sind und man ein Neues dazusetzen will. Das Geschlecht spielt dabei eine entscheidende Rolle. Dazu sollte man auch seine eigenen Kaninchen sehr gut kennen. Sind sie eher gelassen und raufen sie gern? Diese sozialen Züge sollten vorher beobachten werden. Nicht jedes Kaninchen ist gut zu einem anderem zu setzen. Oft sind Kämpfe vorprogrammiert. Und das stresst die Vierbeiner sehr.

Wer noch kein Kaninchen zu Hause hat, schaut beim Züchter nach einem idealen Geschwisterpärchen oder auch nach ein paar mehr Vierbeinern. Eine Einzelhaltung ist wie erwähnt absolut tabu und schadet dem Kaninchen. Der Züchter wird Sie hier intensiv beraten. Weiter ist ein guter Züchter auch daran zu erkennen, dass Sie mit Kauf eines oder mehrerer Vierbeiner auch ein kleines Starterpaket mitbekommen und dass die Tiere entsprechend die erste Impfung bekommen haben. Wenn Sie Fragen zum Alltag haben, ist er weiter für Sie erreichbar und berät Sie auch nach dem Kauf.

Lebensumstände können sich immer ändern und in ernsten Situationen müssen die Tiere unter Umständen wieder abgegeben werden. Dies entscheiden Sie dann, wenn Sie dem Wohl des Tieres nicht mehr gerecht werden. Es ist eine harte Entscheidung für viele, aber manchmal eine notwendige. Ist es ein guter Züchter, nimmt er das Tier auch wieder zurück.

Es gibt aber natürlich auch unter Züchtern schwarze Schafe. Will er zum Beispiel den Verkauf schnell abwickeln, ist es für ihn nur ein gewöhnliches Geschäft. Diese Züchter sind nur auf Profit aus und lassen sich auch nicht in die Karten schauen. Wahrscheinlich dürfen Sie nicht einmal die Elterntiere sehen und die Haltung betrachten. Hiervon sollten Sie unbedingt die Finger lassen. In den bekannten Zoogeschäften ist der Erwerb eines Kaninchens auch möglich. Es sind oft unüberlegte Spontankäufe, weil die kleinen Kaninchen so süß sind und die Kinder davor stehen und betteln.

Leider ist die Herkunft der Tiere nicht bekannt. Hier wird gezielt auf Profit verkauft und die Tiere stammen aus versteckten Massenzuchten. Auch, wenn es schwerfällt, sollten Tiere nicht in einem Supermarkt gekauft werden. Man fördert damit nur, dass noch mehr Tiere für den Profit gezüchtet werden. Diese Tiere vegetieren dabei in viel zu engen Haltebedingungen und sehen oft kein Tageslicht. Und Spontankäufe sind unüberlegt und führen meist dazu, dass die Besitzer irgendwann überfordert sind und die Konsequenzen nicht bedacht haben. Am Ende leidet das Tier und wird im Tierheim abgegeben. Es ist sehr ehrenwert, sich zuerst hier umzuschauen, wenn man sich ein Kaninchen als neuen Wegbegleiter holen möchte. Hier warten viele Tiere auf neue Besitzer.

Die Kollegen im Tierschutz machen alles möglich, um den Tieren ein halbwegs artgerechtes Leben zu ermöglichen. Doch artgerecht ist aus Platzgründen meist nicht möglich. Zudem bekommen Sie hier ebenfalls eine sehr gute Beratung, was für die Haltung eines Kaninchens nötig ist. Von einem Kauf über das Internet ist in jedem Fall abzuraten, wenn es kein eingetragener Züchter ist.

# Verhalten

## VERHALTEN UNTEREINANDER

**W**ie schon erwähnt, leben Kaninchen in der freien Wildbahn in Gruppen zusammen. Das für die Tiere überlebenswichtig. Kaninchen sind Fluchttiere und sind stets auf der Hut vor Angreifern wie Raubvögeln, Füchsen und Wölfen. Daher verlassen die Tiere nur in Gruppen den Bau, denn vier, sechs oder acht Augen sehen nun einmal mehr als zwei. Sobald ein Angreifer auftaucht, gibt ein Tier Alarm und die Gruppe ist gewarnt. Ein schneller Rückzug ist daher für Kaninchen unerlässlich. Die Tiere geben aufeinander acht. Bei einer Einzelhaltung wäre die Gefahr noch größer, ein zu ängstliches Kaninchen zu halten. Nur in der Gruppe sind Kaninchen stark und fühlen sich sicher. Die Gruppenhaltung verstärkt das natürliche Verhalten und beruhigt ängstliche Tiere.

Zudem wärmen sich die Kaninchen gegenseitig in ihrem Bau. Zusammen betreiben sie Fellpflege und behalten ihre natürliche soziale Ader. Kranke Tiere werden in der Gruppe auch schneller wieder gesund. Die Kommunikation innerhalb der Gruppe erfolgt durch den gesamten Körper. Wie in jeder Gruppe gibt es eine bestimmte Rangordnung. Der Ranghöhere zeigt seine Stellung durch das Aufstellen des Schwanzes, sodass die weiße Unterseite deutlich zu sehen ist. So weiß sein Gegenüber seine Position besser einzuordnen.

Generell erfolgt die Kontaktaufnahme durch das Näseln. Durch den Geruch des Gegenübers erkennt das Kaninchen, wer zur Gruppe gehört. Auch ein freundliches Anstupsen mit der Nase ist bei Kaninchen zu beobachten. Die Ohren sind dabei aufgerichtet. Zwergwidder haben hier im Gegensatz zu den anderen Rassen einen erheblichen Nachteil aufgrund der Hängeohren. Dies kann von vielen anderen Kaninchen nicht gedeutet werden. Kaninchen verständigen sich auch durch Laute. Wenn das Kaninchen beispielsweise sehr leise mit den Zähnen knirscht oder knabbert, äußert es so sein Wohlbefinden. Wenn dieses Zähneknirschen allerdings zu laut wird, hat das Kaninchen Schmerzen und Sie müssen zum Tierarzt. Ein rhythmisches Brummen wird von dem Kaninchen erzeugt, wenn es sexuell aktiv ist.

Es ist nicht sehr laut, aber sehr wohl für das andere Geschlecht hörbar. Ein Knurren oder Fauchen lässt auf eine erhöhte Aggression schließen. Diese Laute sind oft vor einem Revierkampf zu hören. Was für Kaninchen typisch ist, ist das Klopfen mit den Hinterläufen auf den Boden. Dies dient in der freien Umgebung als Warnung für die anderen Gruppenmitglieder, wenn Gefahr droht. Es soll aber auch Reviereindringlinge verscheuchen und Kontrahenten abschrecken.

## DER RICHTIGE UMGANG

Kaninchen sind Fluchttiere, weil sie sonst in der freien Wildbahn nicht überleben können. Das ist sowohl bei den wilden Kaninchen als auch bei den Hauskaninchen gleich und wird von Generation zu Generation weitervererbt. Daher ist es wichtig, dass Sie in Gegenwart Ihres Kaninchens stets ruhig agieren. Hektische Bewegungen und ein schnelles Auftreten werden den Fluchttrieb auslösen. So werden Ihre Kaninchen kein Vertrauen zu Ihnen fassen.

Da in der freien Wildbahn vor allem Raubvögel

eine große Gefahr darstellen, sind alle Bewegungen, die von oben kommen, sehr angsteinflößend für Kaninchen. Dies ist in Bezug auf Annäherung bei Kaninchen in einem Stall sehr wichtig. Ist das Kaninchen gerade erst bei Ihnen eingezogen, vermeiden Sie Krach, wenn Sie sich nähern, und gehen Sie auch nicht direkt auf das Kaninchen zu. Idealerweise setzen Sie sich zu dem Kaninchen auf den Boden und warten, bis es auf Sie zukommt.

Diese Weggefährten sind neugierig und beschnuppern andere Lebewesen, sofern sie Vertrauen fassen. Indem Sie jedoch schnelle Bewegungen und Krach machen, wird sich kein Vertrauen aufbauen. Kaninchen besitzen zudem eine sehr feine Nase. Unnatürliche Gerüche wie Seife, Reinigungsmittel oder Parfüms sind unangenehm für den Geruchssinn des Kaninchens. Riechen Ihre Hände zum Beispiel nach frischem Heu oder nach Wiese oder Kräutern, begünstigen Sie die Neugierde des Tieres. Wenn man dann sogar noch eine Blüte oder Leckereien in der Hand hat, wird Ihr Tier Ihnen förmlich aus der Hand fressen. Das Ganze kann etwas Zeit in Anspruch nehmen. Aber um eine enge Beziehung zu Ihrem Tier aufzubauen, ist Zeit unabdingbar. Sobald Ihr Tier von Ihnen abläßt, lassen Sie dies zu. Hetzen Sie nicht hinterher, rufen Sie es nicht. Es wird Sie sonst als Bedrohung wahrnehmen und nicht wieder zurückkehren. Wenn sich das Kaninchen zurückzieht und sich gemütlich hinlegt, holen Sie es nicht aus dieser Situation heraus.

Das ist besonders wichtig im Umgang mit Kindern. Kinder neigen dazu, Kaninchen als Kuscheltiere oder Spielzeug zu behandeln. Das sind sie nicht. Wenn ein Kaninchen regungslos vor einem schnell herankommenden Kind liegen bleibt, heißt das nicht, dass es nun gestreichelt oder gar in den Arm genommen werden möchte. Es ist vielmehr ein Zeichen für absolute Angst.

Das Tier befindet sich in einer Schockstarre, ein letzter Versuch, sich einem Angreifer zu entziehen. In freier Laufbahn stellen sich Tiere in Todesangst vor einem Angreifer Tod. Raubtiere jagen vornehmlich sich schnell bewegende Tiere. Durch die Schockstarre verhindert das Kaninchen, Beute zu werden. Sollte sich dieses Verhalten bei Ihrem Kaninchen zeigen, ist unbedingt etwas in Ihrem Verhalten oder dem Ihrer Mitmenschen zu ändern. Wenn Sie sich jedoch respektvoll annähern und dabei noch in ruhiger Tonlage mit dem Tier sprechen, wird das Tier immer mehr Vertrauen fassen.

Sichere Zeichen sind wie erwähnt das interessierte

Ankommen, dieses Anstupsen oder wenn es an Ihrer Hand riecht. Wenn Sie ein Kaninchen anfänglich in Stall sitzen haben, bleiben Sie einfach vor dem Stall stehen. Halten Sie dabei mal die Hand hinein, ohne nach dem Kaninchen zu fassen. So lernt es Ihren Geruch kennen und sieht die Hand nicht als Gefahr an.

## VERGESELLSCHAFTUNG VON KANINCHEN

Kaninchen sind Gruppentiere und lieben es, mit ihresgleichen zusammenzuleben. Wer ein neues Kaninchen zu einer bestehenden Gruppe dazusetzen möchte, sollte nach einem geeigneten Gruppenmitglied Ausschau halten. Zu viele Weibchen können sich zanken, es sollte in der Gruppe immer ausgeglichen sein. Eine Vergesellschaftung erfolgt unbedingt an einem neutralen Ort oder im Außenauslauf, nicht direkt im bereits bestehenden Gehege. Dies ist der Rückzugspunkt für die bereits dort lebenden Kaninchen und er wird unter Umständen zunächst verteidigt. Da ist Stress vorprogrammiert.

Der Neuankömmling ist schon durch den Transport in einer Stresssituation. Ein neutraler Platz ist für alle Kaninchen erst einmal neu und alle sind gleich neugierig. Der Platz für die Vergesellschaftung sollte ein Raum sein, den Sie im Vorfeld mit Essen und Toiletten für die Tiere ausstatten. Bei einer Vergesellschaftung vergessen auch stubenreine Tiere, dass sie dies sind. Spritzen mit Urin und ständiges Abköteln sind normal. Es sollte also ein sehr leicht zu reinigender Ort sein.

Kämpfe am Anfang sind völlig normal. Wichtig ist nur, dass das neue Gruppenmitglied nicht gezielt durch die anderen gejagt wird, sondern sich auch in Ruhe aus der Gruppe zurückziehen kann. Daher sollte der Raum groß genug sein. Je nach Gruppenstärke mindestens so groß, dass die Tiere sich gut aus dem Weg gehen können. Die Tiere können sich bei Kämpfen auch stark anspringen und der Flucht–instinkt wird ebenfalls stark geweckt. In dem Raum sollten keine Gegenstände sein, die umfallen können. Dieses kann die Tiere zusätzlich erschrecken oder gar verletzen.

Draußen sollte eine abgetrennte Fläche zur Vergesellschaftung genutzt werden. Sofern die Tiere ein intaktes Gruppenleben führen und der Neuankömmling gut in das Gruppenleben passt, werden die Tiere schnell ruhiger werden. Dieses kann unter Umständen auch ein paar Tage dauern. Daher sollte der Raum auch entsprechend für die Nacht vorbereitet sein. Im

Außenbereich wird das schwer. Es hilft, die Tiere dann abgetrennt im Innenbereich unterzubringen. Jedoch sollten sie sich dabei sehen und weiterhin beschnuppern können.

Sind die Tiere jedoch schnell entspannt und akzeptieren das neue Mitglied, können Sie es in das Gehege oder den Stall setzen. Nutzen Sie die Zeit vorher, diesen gründlich zu reinigen. Ein frisch gereinigtes Zuhause ist auch für die alten Gruppenmitglieder wieder neu und lenkt von der Vergesellschaftung ein wenig ab. Setzen Sie zuerst das neue Kaninchen in das Zuhause und dann die anderen – den Ranghöchsten zum Schluss.

# Ernährung

Kaninchen lieben frisches Grün. Nicht nur wegen des Geschmacks, sondern es ist auch überlebenswichtig für sie. Schon ihre Vorfahren in Spanien fanden dort vor allem Gräser, Blüten und Kräuter. Dies sind die Grundbausteine für ein gesundes Kaninchen.

Etwa 60 % der Nahrung machen diese grünen Vertreter der Natur in den Mahlzeiten aus. Besonders wichtig ist ein hoher Wasseranteil in den Bestandteilen. Zu 70 – 90 % sollte die Ernährung aus Wasser bestehen, weiter wichtig sind Rohfasern von 2 – 6 Prozent und Rohproteine, wie zum Beispiel Eiweiß, mit 1 – 5 % die anderen wichtigen Bestandteile. Da der

Magen ständig am Arbeiten ist, sollte die Nahrung leicht verdaulich sein. Da Rohfasern schwer bis gar nicht verdaulich sind, sind sie daher gering zu halten. Sie sind die Ballaststoffe für Kaninchen und regen die Verdauung an. Diese ganz wegzulassen ist also schädlich.

Die Nahrungsaufnahme richtet sich bei Kaninchen nach Geschmack und Bedarf. Der Bedarf wird nach Auslastung bestimmt. Je agiler also ein Kaninchen, desto mehr braucht es Nahrung. Grundsätzlich sind mehrere Futterstellen ratsam, vor allem bei großen Gruppen. Kaninchen sind im übrigen Wiederkäuer.

Nahrung, die schwer verdaulich ist, wird im Blinddarm fermentiert. Dabei entstehen Nährstoffe, die ausgeschieden werden und vom Kaninchen vor allem bei Nähstoffmangel wieder aufgenommen werden. Das geschieht vor allem, wenn die Nahrungsquelle einen stärkeren Rohfaseranteil als Rohproteingehalt aufweist.

Dies wird durch den sogenannten Blinddarmkot ausgeglichen. In diesem Blinddarmkot sind Vitamin B und K, Bakterienproteine und Fettsäuren enthalten. Der essenzielle tägliche Bedarf an Aminosäuren wird durch den Blinddarmkot jedoch nicht gedeckt. Er hilft vor allem, die aufgenommene Rohfaser besser verdauen zu können. Jedoch sollte der Rohfaseranteil den geringeren Teil im Essen ausmachen, da anders als bei anderen Wiederkäuern, deren Verdauungstrakt besser Rohfasern abbaut.

Die artgerechte Fütterung ist also die ursprüngliche Fütterung. Das, was bereits die Vorfahren der Hauskaninchen zu sich nahmen. Im Laufe der Zeit und der Einfachheit geschuldet wurde mit der neuen Kaninchenhaltung Heu, Gemüse, Essensreste und auch ab und an mal Fleisch gefüttert. Sie lesen richtig: Kaninchen essen durchaus Fleisch. Für größere Rassen ist dies sinnvoll, diese Art der Futterergänzung zuzufügen.

Größere Rassen sind Kaninchen mit einem Körpergewicht über 2,5 kg. Es darf aber niemals das Alleinfuttermittel werden, da Kaninchen einen hohen Wasseranteil im Futter benötigen. Daher greifen sie im Sommer im Idealfall auf das zurück, was die Natur zu bieten hat. Das ist Gras, das sind Blüten, das sind Rinden und Kräuter. Im Winter ist die Ausbeute in der Natur nicht sehr groß. Daher kann hier auf Lebensmittel aus dem Supermarkt zurückgegriffen werden. Blattgrün vom Kohlrabi, Blattgrün der Möhren, Kohlsorten und Brokkoli sind beliebte Futterquellen. Getrocknetes

Obst ist in geringen Mengen eine großartige Süßigkeit. Heu kann gefüttert werden, aber besitzt zu wenig Wasser, da die Herstellung das Gras quasi ausgetrocknet hat.

Nur noch 10 % des ursprünglichen Wasseranteils ist noch in der Zellfaser zu finden. Im Zoogeschäft sind weitere Nahrungsergänzungen wie Pellets zu finden. Sie sind ebenfalls getrocknet und gepresst und decken den täglichen Bedarf in keiner Weise ab. Sie weisen zudem einen erhöhten Rohfasergehalt auf, der in seiner Struktur gebrochen wurde. Dies suggeriert eine bessere Verträglichkeit bei dem Tier. Ein zu hoher Rohfaseranteil führt bei einem Kaninchen zu einem Gärungsprozess im Darm und gibt krankheitserregenden Keimen einen Nährboden und fördert die Erkrankungen wie Kokzidiose.

# Unterbringung des Zwergkaninchens

W ie schon anfangs erwähnt, sind Kaninchen sehr agile Zeitgenossen. Sie flitzen gern durch die Gegend, springen, toben und sind auch wahre Buddelmeister. In einer intakten Gruppe werden auch alle diese Eigenschaften ausgelebt. Daher ist es sehr wichtig, dass den Kaninchen genügend Platz zur Verfügung steht.

Mindestens 2 Quadratmeter pro Kaninchen sollten Sie einplanen, idealerweise schenken Sie Ihnen sogar 5 Quadratmeter pro Tier. Am besten ist eine Haltung im Außengehege. Dies war die erste bekannte

Kaninchenhaltung. Schon bei den alten Römern gab es Kaninchengärten, die entsprechend ausbruchsicher gebaut wurden. Die Vierbeiner passen sich den äußeren Gegebenheiten sehr gut an. Die wilden Vorfahren wurden durch die immer beliebter werdende Haltung der Menschen schnell in neue Gebiete angesiedelt. In England wurden sie im Mittelalter ausgesetzt. Das Klima ist wesentlich kälter als in Spanien, dennoch vermehrten sie sich in Windeseile und wurden schnell zu einer Plage. Ebenso war es in anderen europäischen Ländern, in Amerika und Australien.

Kälte macht den Kaninchen nichts aus, dabei sollten sie jedoch nicht direkt Wind ausgesetzt sein. Heiße Sommertage liegen dem Kaninchen aufgrund der Herkunft im Blut. Sie brauchen aber dringend schattige Plätze, da direkte Sonneneinstrahlung einen Hitzeschlag auslösen kann. Dies sind bei der Haltung im Außenbereich zwei wichtige Faktoren. Wer also die Möglichkeit besitzt, Kaninchen draußen halten zu können, sollte dies bei der Unterbringung bedenken. Teile des Geheges sollten windgeschützt sein, zum Beispiel dichte Bretter in einer Ecke. Durch einen ausbruchsicheren Draht können wiederum Sichtmöglichkeiten geschaffen werden, denn die Kaninchen sind von Natur neugierige Zeitgenossen und beobachten gern.

Es empfiehlt sich dabei, nicht den bekannten Kaninchendraht zu kaufen, sondern vierkantigen, punktgeschweißten, verzinkten Volieren-Draht mit einer Stärke von mindestens 1,2 mm. Die Maschen sollten maximal 19 mm Abstand besitzen. Es gibt ebenso Draht, der mit Plastik ummantelt ist. Dieser wird jedoch gern angeknabbert und sobald der Draht frei liegt, beginnt er zu rosten. Um die mit Draht verkleideten Bereiche des Geheges zusätzlich an Sturmtagen zu schützen, empfiehlt es sich, hier mit Planen zu arbeiten.

Viele Kaninchenhalter haben dabei die Plane ähnlich eines Rollos angebracht. So können sie die Plane schnell und einfach ausbreiten. Kaninchen sind auch wahre Klettermeister. Ein Winkel von 60 Grad ist für die Vierbeiner kein Problem. Daher denken Sie bei der Unterbringung auch gern in die Höhe, ähnlich eines mehrstöckigen Hauses. Ebenerdig ist der Garten mit seinen Futterstellen, oben sind Etagen für die Schlafzimmer. Verbinden Sie die Etagen idealerweise mit Brettern, die Stufen besitzen. Ein grüner Filzteppich als Untergrund hilft ebenfalls, dass die Tiere die oberen Etagen besser erreichen. Der Untergrund eines Außengeheges kann der direkte Boden sein. Hier haben die Hasen die Möglichkeit, sich Tunnel selbst zu graben.

Kaninchen lebten ursprünglich unterirdisch in einem Bau.

Dies diente ihnen, sich schnell vor Angreifern zu verstecken, sich an sehr heißen Tagen zu kühlen und war Rückzugspunkt nach Rangeleien in der Gruppe. Daher sind Tunnel ein absolutes Muss im Kaninchengehege. Hier sollte der Zaun tief genug in den Boden gehen, damit die Fellnasen nicht ausreißen. Und wer hinauskommt, kommt womöglich auch hinein. Bedenken Sie, dass Räuber wie Fuchs, Marder, aber auch Katzen und vielleicht Hunde in das Gehege einbrechen können. Entsprechend sicher sollte das Gehege also nicht nur oberirdisch, sondern auch unterirdisch sein.

Wer sein Gehege auf dem natürlichen Boden im Garten stehen hat, sollte hier die Erde ab und an austauschen und mit frischer aufschütten. Bitte nutzen Sie keine Blumenerde. Sie ist gedüngt und das ist für Kaninchen das pure Gift. Fragen Sie am besten bei Kieswerken nach oder auch bei Ihrem Müllplatz. Dort wird Erde kompostiert und frisch aufbereitet. Auch Rindenmulch empfiehlt sich nicht. Die verschiedenen Holzarten sind nicht mehr nachvollziehbar und können ebenfalls giftig sein für Kaninchen. Ebenso sind die Hölzer gedüngt und schimmeln bei feuchtem Klima.

Es empfiehlt sich, ein mobiles Gehege auch auf

Steinplatten zu setzen. Das hat den Vorteil, dass die Kaninchen sich keinen Tunnel in die Freiheit graben können, Räuber nicht eindringen können und im Sommer können sie sich ein wenig auf den Platten abkühlen. Bei Sonneneinstrahlung dienen die Platten für ein warmes Plätzchen auch an kalten Tagen. Zudem ist eine Reinigung auf Stein leichter. Beliebt sind auch oberflächliche Tunnel, zum Beispiel aus Holz. Alternativ kann man auch ideenreich werden und zum Beispiel Röhrensysteme aus Regenrinnen bauen.

Wer ein Gehege aus Holz bieten möchte, sollte auf behandeltes Holz gehen, welches glatt ist und keine scharfen Kanten aufweist. Sind auch die Böden aus Holz, so gibt es im Fachmarkt entsprechende Beschichtungen, um auch hier die Reinigung zu erleichtern. Aber nicht nur die klassischen Holzgehege sind Unterbringungsmöglichkeiten für Kaninchen. Man kann auch alte Ställe, Hundezwinger oder Garagen wunderbar zu Kaninchenhäusern umbauen. Sie können bei entsprechendem Platzangebot beides kombinieren. Bauen Sie zum Beispiel ein Außengehege zusätzlich an die Hütte. Hier schlagen Sie zwei Fliegen mit einer Klappe: Ein festes Domizil, welches überdacht ist, und ein Außenbereich mit frischem Boden unter den Füßen. Säen Sie hier gern Gras, Blüten und Kräuter aus.

So steht dem Kaninchen eine dauerhafte Nahrungs-quelle an den Sommertagen zur Verfügung.

Wer ein temporäres Außengehege zur Verfügung stellen möchte, sollte hier ebenfalls die Sicherheitsaspekte wie Ausbrechen bedenken und auch gegen Gefahren von oben absichern. Idealerweise sind die Kaninchen unter Aufsicht in diesem Außenbereich. Wenn Sie Heu zufüttern, sollte den Kaninchen eine Heuraufe im Innenbereich bereitstehen. Denken Sie auch an Knabber-Elemente. Die Zahnpflege der Kaninchen erfolgt durch Nagen an Holz, daher ist es sinnvoll, eine Ecke dafür bereitzustellen. Kleine Häuschen dienen als gute Rückzugsmöglich–keiten. Um es den Kaninchen so gemütlich wie möglich zu machen, sollten diese mit Heu ausgestattet werden. Das wärmt die Vierbeiner zusätzlich.

Da bei einem Außengehege die Kaninchen auch im Winter draußen leben, sollten Sie an kalten Tagen regelmäßig das Trinkwasser kontrollieren. Wird es frostig, kann dieses schnell einfrieren. Wenn Sie einen Stromanschluss im Gehege oder Stall haben, können Sie mit Wärmeplatten ein Einfrieren verhindern. Diese Wärmeplatten sind auch bei der Hühnerhaltung sehr beliebt und gängig. Bitte kontrollieren Sie auch Frisch-futter. Eingefrorenes Grünzeug sollte schnellstens entfernt werden. Wenn die Kaninchen es zu sich nehmen, bilden sich im Magen Koliken, die tödlich enden.

# INNENHALTUNG

Aber nicht jeder hat einen Garten oder genügend Platz, um Kaninchen ein Außengehege bereitzustellen. Eine Haltung in der Wohnung ist ebenfalls möglich. Besonders hier sollte den Vierbeinern genügend Platz und eine Unterbringung gegeben sein, die die natürlichen Triebe befriedigt. Weit verbreitet sind Haltungen in Käfigen, Zoohandlungen bieten hier in vielen Farbvarianten die typischen Kaninchenkäfige an. Die Standardmaße sind 60 × 120 cm. Dieses Maß entspricht dem Platz für ein Kaninchen. Da Kaninchen wenigstens aber zu zweit gehalten werden müssen, ist ein einzelner Stall für eine dauerhafte Unterbringung definitiv zu klein.

Von einer Unterbringung in Ställen dieser Bauart ist abzuraten, sie können aber ein guter Zusatz für die Unterbringung in der Wohnung sein, um Rückzugspunkte zu schaffen. So können Sie den Kaninchen eine eigene Ecke in der Wohnung zur Verfügung stellen und hier einen Kaninchenstall dazustellen. Den zur Verfügung gestellte Platz können Sie mit einem

Auslaufgitter oder einer eigenen Baukonstruktion abgrenzen.

Grundsätzlich sollte eine Futterstelle angeboten werden, die stabil ist. Ein Napf aus Plastik wird den wilden Kaninchen nicht standhalten. Zudem ist die Gefahr zu groß, dass dieser angeknabbert wird. Kaufen Sie lieber einen Napf aus Ton, im Idealfall ist dieser lasiert, was die Reinigung erheblich vereinfacht. Dies gilt auch für eine Außenhaltung. Als Toilettenplatz kann zum Beispiel der Unterbau eines Katzenklos dienen oder eine größere Schale wie der Unterbau des Kaninchenstalls aus dem Zoogeschäft. Um Geruch zu vermeiden, statten Sie diesen mit Streu oder Holzpellets aus. Es gibt im Katzensektor Streu aus Holz, welches auch kompostierbar ist. Auch, wenn sie Toilettenbereiche schaffen, so kann immer etwas auch daneben gehen. Daher sollte kein Teppich als Untergrund benutzt werden. Idealerweise haben Sie einen PVC- oder Linoleumboden als Untergrund.

Frischwasser sollte hier wie auch im Außengehege nicht über eine Kipptränke gereicht werden, da sich diese schlecht reinigen lassen und zu wenig Wasser abgeben. Auch hier empfiehlt sich ein Tonnapf. Sie können die Kaninchen in der Wohnung frei laufen lassen, aber dies lieber unter Aufsicht.

Kabel müssen zwingend in Kabelschächten versteckt werden oder für die Tiere unerreichbar sein. Schaffen Sie genügend abwechslungsreiche Bereiche für die Kaninchen, damit sie sich keine Dummheiten in der Wohnung ausdenken. Und es hilft, die Kaninchen genügend zu beschäftigen. Was Sie machen können, erzählen wir im übernächsten Kapitel.

## BALKONHALTUNG

Eine Balkonhaltung ist sowohl die perfekte Alternative zu der klassischen Außenhaltung als auch zur Innenhaltung. Aber bedenken Sie auch hier: pro Kaninchen sollte auch hier mindestens 3 Quadratmeter pro Tier zur Verfügung stehen.

Wenn Sie Ihren Balkon nicht ganz Ihren Fellnasen zur Verfügung stellen wollen, ist eine dauerhafte Unterbringung nicht ratsam. Am Ende haben die Vierbeiner zu wenig Platz. Ist der Platz genügend vorhanden, sind im Vorfeld die Witterungsbedingungen zu bedenken. Auf einem Süd- oder Südwestbalkon kann es im Sommer sehr heiß werden. Kaninchen leiden sehr unter direkter Hitzeeinstrahlung und können dadurch leicht einen Hitzschlag erleiden. Auch zu zugig sollte der Balkon nicht sein, hier können Sie aber mithilfe von schützenden Häuschen oder Vorrichtungen Abhilfe schaffen.

Wer einen Platz mit genügend Schatten- und Sonnenbereich gleichermaßen bereitstellen kann, schafft ein geeignetes Domizil. Wie beim Außengehege gilt hier, den Balkon vor Eindringlingen gut zu schützen. Bedenken Sie dabei Abstände des Geländers in alle Richtungen. Nach oben sollte kein Räuber eindringen können. Ein Katzennetz ist eine Idee. Aber dies kann unter Umständen leicht durch gebissen werden. Möchten Sie auf Nummer sicher gehen, dann bauen Sie eine Absicherung aus Draht. Diesen können Sie gut hinter Bambusmatten verstecken. Auf dem Balkon gilt wie in der Wohnungshaltung: Abwechslung macht jedes Kaninchen glücklich. Seien es ausgehöhlte Baumstände, Röhrensysteme und / oder gemütlich ausgestattete Häuschen aus Stroh und Heu.

Futterstellen aus Tonnäpfen und stabile Trinkbereiche sind hier ebenso ratsam. Sie können die Kaninchen das ganze Jahr auf dem Balkon halten. Wichtig ist nur, dass Sie die Vierbeiner noch an milden Tagen hinaussetzen, wenn Sie diese ganzjährig draußen halten möchten. Das Winterfell des Kaninchens bildet sich meist im September, wenn es langsam kälter wird. Wie auch beim Außengehege gilt es, an frostigen Tagen darauf zu achten, dass das Wasser nicht eingefroren ist. Ebenso sollten Sie gefrorenes Grünzeug sofort entfernen.

# BESCHÄFTIGUNG DER ZWERGKANINCHEN

Kennen Sie noch dieses Bild vom Hamster im Hamsterrad? Dies war beliebt, um Hamstern eine Beschäftigung in einem trostlosen Käfig zu bieten. Inzwischen ist das Wissen um eine artgerechte Haltung vorangeschritten. Beschäftigungen und deren Gewichtung sind vielfach erweitert und erfinderischer als noch vor fünfzig Jahren, als der Hamster nur ein Rad bekam.

Auch bei Kaninchen gibt es inzwischen eine Fülle an großartigen Ideen, die Vierbeiner zu beschäftigen. Dies kann man wie bei allen Tieren am besten durch Snacks erreichen. Vor allem Tiere, wenn die Fellnasen in einer Wohnung gehalten werden, sollten pro Tag wenigstens 30 Minuten beschäftigt werden. Auch, wenn Kaninchen nicht den ganzen Tag die agilen Tober sind, will dennoch der Spiel- und Jagdtrieb befriedigt werden. Zudem fördert eine abwechslungsreiche Beschäftigung den Geist und die Sinne und verhindert, dass die Kaninchen sich Dummheiten ausdenken.

Grundsätzlich ist ein Vertrauen zwischen den Tieren und dem Halter wichtig. Ein großer Vorteil der Beschäftigung mit dem Tier ist, dass man das Vertrauen der Kaninchen weiter festigt. Verabreichung von Leckereien wie Trockenobst, Karotten, Äpfeln und Blüten fördert die Beziehung und Nähe und vertreibt die Angst vor der Hand. Und es bietet eine Abwechslung in der Fütterung. Und Abwechslung lieben Kaninchen.

Das können Sie auch sehr gut beobachten, wenn Sie im Gehege oder Auslauf alles umstellen. Andere Kaninchenbesitzer wechseln auch mal die Untergründe im Auslauf. Zum Beispiel leicht waschbare Teppiche oder Decken. Was die natürlichen Bedürfnisse von Kaninchen befriedigt, sind Buddelkisten. Buddelkisten können unterschiedlich genutzt werden. Zum Beispiel können Sie eine Plastikbox nehmen und mit Erde und Holzspänen füllen. Achten Sie dabei wieder auf unbehandelte Erde. In dieser Box können die Kaninchen ihrem natürlichen Buddeltrieb nachgehen und gleichzeitig die Krallen stutzen.

Um den Buddelmeistern noch mehr Beschäftigung zu bieten, können Sie Leckereien in der Erde vergraben. Gut geeignet sind getrocknete Löwenzahnwurzeln, Trockenobst oder Kerne. Selbst faule Kaninchen, wenn es die überhaupt gibt, werden so sicherlich in kurzer Zeit aktiv. Andere Buddelhöhlen können zum Beispiel aus alten Kartons gebaut werden. Schneiden Sie vorn ein Loch als Eingang in die Pappe. Den Karton können Sie beliebig mit alten Handtüchern, Stoffresten und Ähnlichem auslegen. Nun verstecken Sie hier wieder Leckereien in den Stoffresten. Ein Vergnügen für die Vierbeiner, ihre Snacks zu suchen und für Sie, die Fellnasen dabei zu beobachten.

Was großartig zu beobachten ist, wie wissbegierig und wie schnell Kaninchen lernen. Für Hunde werden Bälle oder Rollen gebastelt mit Löchern, aus denen die Leckerlis beim Bewegen herausfallen. Dies muss der Hund mithilfe seiner Nase in Gang bringen. Was Hunden Spaß macht, macht auch den Kaninchen sehr viel Spaß. Und es ist sehr leicht, einen Spielgegenstand dieser Art selbst zu bauen. Eine handelsübliche Papierrolle einer aufgebrauchten Küchenrolle ist hervorragend geeignet.

Die Enden sollten Sie leicht einknicken, sodass aber noch eine leichte Öffnung zu jeder Seite vorhanden ist. Nun stechen Sie einige Löcher in die Papierrolle. Lassen Sie die Kaninchen zunächst daran schnuppern. Da die Fellnasen von Natur aus sehr neugierig sind, sollten sie keine Angst vor der Rolle haben. Nun füllen Sie einige Snacks hinein, die leicht durch die Löcher hindurchfallen können.

Denn wenn die Stücke nur langsam herausfallen, kann es passieren, dass die Kaninchen das Interesse an der Rolle verlieren. Dadurch, dass die Seiten noch leicht offen sind, können die Leckereien hier zusätzlich herauspurzeln. Die Kaninchen werden hier zu wilden Rabauken und nehmen die Rolle sogar zwischen ihre Zähne und schütteln diese. So kommen sie noch schneller an das heiß ersehnte Leckerchen. Heben Sie am besten einige Papierrollen auf. Sie werden nach einer gewissen Zeit auszutauschen sein.

Eine Alternative ist es, Plastikbecher zu benutzen. Wichtig ist, besondere Leckereien zu benutzen. Fenchel zum Beispiel lieben Kaninchen. Und den können Sie klein geschnitten sehr gut unter dem Becher verstecken. Stellen Sie die Becher mit dem Fenchel in einer Reihe auf. Die Kaninchen werden schnell dahinterkommen, die Becher umzuschmeißen und an den geliebten Fenchel zu gelangen. Besonders clevere Zeitgenossen ziehen den Fenchel auch einfach hervor. Andere Spielideen kann man auch mit Eierbechern umsetzen. Eine Alternative zu den Plastikbechern kann auch ein ausgewaschener, leerer Joghurtbecher sein.

Doch auch die Grundausstattungen in einem Gehege können für eine kleine Beschäftigung am Tag schon helfen. In der Haltung wurde die Heuraufe bereits erwähnt. Hier hat das Kaninchen etwas mehr Mühe, an das getrocknete Gras zu kommen und muss sich etwas mehr anstrengen. Sowieso ist es sehr abwechslungsreich, wenn Sie das Futter nicht einfach nur hinstellen. Basteln Sie doch ein Futtermobile. Das kann sich auch ein wenig bewegen. Oder verstecken Sie das Futter im Boden im Außengehege. Eine weitere schöne Idee, um die natürliche und ständige Futterquellen zu schaffen, ist der Bau eines Sandkastens.

Dieser ist oben mit einem Draht abgedeckt und mit Erde befüllt. Hier können Sie Löwenzahn, Kräuter und Gräser anpflanzen und sprießen lassen, ohne dass die Kaninchen die Wurzeln mitessen. Denn durch den Draht verhindern Sie, dass die Kaninchen die Erde zerwühlen können und durch den abgedichteten Holzkasten darum können sich die Kaninchen nicht hinein buddeln.

# SPORT MIT DEM ZWERGKANINCHEN

Wer diesen Trieb weiter ausbauen will, der kann sein Kaninchen auch sportlich beschäftigen. Was man sonst eher nur aus dem Hundesport kennt, ist auch super bei Kaninchen anwendbar. Mit dem Clickertraining bringen Sie Ihrem Kaninchen auf Klickgeräusche Kunststücke bei.

Timing ist dabei entscheidend. Kaninchen lernen alles, was Hunde auch lernen können. Sich drehen, Männchen machen, auf Kommando hochspringen oder über die Beine hoppeln. Selbst Gegenstände auf einen Teller zu legen, ist für einige Zeitgenossen kein Problem. Wer sein Kaninchen fit halten möchte, der kann ihm einen Parcours bauen. Einen Slalom aus Holzstäben oder Kegeln, eine Rampe, Böcke zum Überspringen.

Stellen Sie Tunnel bereit und lassen Sie die Vierbeiner hindurchflitzen. Das Internet hält viele Ideen und Videos bereit, um sich hier richtig auszutoben. Kaninchen lieben es, Dinge mit ihren Nasen anzutupsen. Neben der mit Leckereien gespickten Papierrolle eignet sich auch ein Ball super als Turngerät, wenn es diesen mit der Nase bewegen muss.

Kaninchen springen in der Natur sehr gern. Zwergkaninchen erreichen zwar keine besonders große Körperhöhe, werden aber dennoch ihren Spaß daran haben, über Hindernisse zu springen. Ein kleiner Reifen ist ebenfalls ein großartiges Trainingselement.

Diese Sportbeschäftigungen sind kein Muss für die artgerechte Haltung der Kaninchen und auch Clickertraining ist eher für Menschen, die neben den schon recht vielseitigen Beschäftigungsmöglichkeiten noch intensiver Zeit mit ihrem Vierbeiner verbringen wollen. Zwingen Sie sich nicht, wenn Sie nicht zu einhundert Prozent von diesen Übungen überzeugt sind. Es soll auch Ihnen Spaß machen.

# Der Weg zum Tierarzt

## GRUNDLEGENDES RUND UM DAS ZWERGKANINCHEN

Wer mit seinem Zwergkaninchen einen langen Wegbegleiter an der Seite haben möchte, der geht regelmäßig zum Tierarzt. Es gibt zwei Viruserkrankungen, gegen die ein Kaninchen einmal im Jahr geimpft werden muss.

Das ist zum einen die Chinaseuche, kurz auch RHD genannt (von rabbit haemorrhagic disease, RHD beziehungsweise rabbit viral haemorrhagic disease, RVHD). Dieses Virus ist hochansteckend und kann in kurzer Zeit eine gesamte Gruppe auslöschen. Es ist in jedem Fall tödlich. Unter dem Punkt Krankheitsbilder von A bis Z ist dieses Virus näher beschrieben. Das zweite Virus ist die Myxomatose. Dieses Virus ist ein Pockenerreger, welches ebenfalls zum Tod führen kann.

Zusätzlich können Sie Ihre Tiere noch gegen die Darmlähmung und gegen den berühmten Kaninchenschnupfen impfen lassen, dies empfiehlt sich aber nur bei Großhaltungen. Oft wird der Weg zum Tierarzt zu spät angetreten, da Kaninchen dazu neigen, Krankheiten nicht zu zeigen. Dieses Verhalten ist typisch für Beutetiere wie das Kaninchen. Sobald sie in freier Wildbahn Schwäche zeigen, sind sie ein leichtes Ziel für Jäger. Umso wichtiger ist es, seine Tiere genau zu kennen und zu erkennen, wenn etwas mit dem Tier nicht stimmt. Tägliche Kontrolle ist unerlässlich. Typische Anzeichen können sein, wenn Ihr Tier plötzlich nicht mehr zur Hand oder an die Futterstelle fressen kommt, sich das Tier zurückzieht oder erschöpft wirkt.

Eine regelmäßige Kontrolle des Gewichts kann ebenfalls helfen. Wie anfangs schon erwähnt, erreichen die Zwergkaninchen ein Gewicht von 1,1 bis 1,5 kg, einige Rassen auch 2 kg.

Es kann beim Jahreszeitenwechsel zu Gewichtsschwankungen kommen, aber ist dauerhaft Untergewicht zu beobachten, ist etwas im Argen. Die sehr häufig auftretenden Krankheiten sind an den Zähnen zu suchen und an den Augen. Die Zähne des Kaninchens allgemein wachsen ein lebenslang mit. Die Schneidezähne können Sie selbst regelmäßig kontrollieren, da sie sichtbar vorn liegen. Der Tierarzt wird bei dem jährlichen Kontrollbesuch auch die Backenzähne kontrollieren. Wie auch bei uns Menschen ist unser Mund und das Gebiss das Tor zum Körper und damit auch zu unserer Gesundheit. Auch die Augen der Kaninchen sind oft von Krankheiten betroffen. Auch hier ist der Vorteil, dass wir diese äußerlich sehen können.

Generell gibt es viele Indikatoren, die ein gesundes Kaninchen besitzt. Überprüfen Sie neben den Zähnen und den Augen regelmäßig die Ohren. Sind sie sauber und frei von Pusteln oder Schuppen, sind das gute Anzeichen für gesunde Löffel. Ist die Nase sauber und sieht man keinen Ausfluss, sind die Augen nicht gerötet und klar, sind die Zähne nicht schief oder zu lang, gefärbt oder Ähnliches, so ist davon auszugehen, dass das Kaninchen gesund ist. Auch das Fell kann Aufschluss über den Gesundheitszustand geben. Gibt es kahle Stellen, Schuppen, Verklebungen, Wunden oder Schorf, sollten Sie beim Tierarzt vorstellig werden. Ganz wichtig ist auch die regelmäßige Kontrolle der Krallen. Auch die wachsen wie die Zähne mit und werden normal von den Kaninchen selbst gestutzt. Zum Beispiel durch das Buddeln oder wetzen an Baumrinden. Fehlen Möglichkeiten in der Grundausstattung, mit denen das Kaninchen diesen Drang ausleben kann (zumindest ein Bestandteil sollte im Kaninchengehege oder in der Wohnung bereits stehen), so empfiehlt sich, die Krallen zu kürzen. Dafür kaufen Sie spezielle Krallenschneider im Zoofachgeschäft.

Auch am Urin oder Kot lässt sich auf eine Erkrankung schließen: Wenn der Urin plötzlich komisch riecht oder nicht mehr abgelassen werden kann zum Beispiel. Der Kot ist ein wichtiger Indikator für das gesundheitliche Empfinden. Bitte sorgen Sie sich aber nicht, wenn das Kaninchen Kot frisst. Im Gegenteil, dies ist überlebenswichtig. Hierbei handelt es sich um den sogenannten Blinddarmkot, der entsteht, wenn schwer verdauliche Speisen nicht richtig verdaut werden können. Die Gattung Kaninchen gehört nämlich zu den Wiederkäuern und nehmen über den Blinddarmkot wichtige Nährstoffe auf. In Zeiten, in denen es wenig ausgewogene Nahrung gibt, schützt sich das Kaninchen auf diesem Weg vor Mängeln. Bitte kommen Sie nicht auf die Idee, das Kaninchen von der Gruppe zu trennen, wenn es Symptome zeigt. Sofern es sich nicht um die beiden bekannten und gängigen

Virenerkrankungen handelt, ist eine Trennung eher schädlich für das Tier. Die Gruppe ist die Familie des Kaninchens und nur dort fühlt es sich geschützt und kann sich bei einer Krankheit besser erholen. Zudem ist die dann bevorstehende Vergesellschaftung ein zusätzlicher Stressfaktor, die unnötig ist.

## KRANKHEITSBILDER VON A BIS Z

Augenerkrankungen sind sehr häufig bei Kaninchen. Gerade bei staubigem Heu oder wenn die Stallhygiene nicht sorgfältig betrieben wird. Erkrankungen an den Augen sind recht gut zu sehen und schnell zu erkennen.Rötungen, Ausfluss, die Augenlider sind verklebt und das Auge ist dadurch nicht mehr sichtbar oder es hängt sogar heraus, sind die häufigsten Erscheinungsbilder bei Augenkrankheiten.

Es empfiehlt sich, hier einen Tierarzt aufzusuchen, der auf Augenerkrankungen spezialisiert ist.

Atemwegserkrankungen sind lebensbedrohlich für Kaninchen, daher ist ein sofortiger Gang zum Tierarzt notwendig. Sie erkennen Atemwegserkrankungen, wenn Sie auffällig laute Geräusche bei der Atmung vernehmen. Ist ein Kaninchen entspannt und atmet aber sehr schnell, so ist dies auch besorgniserregend. Ebenso, wenn eine viel zu lang-same Atmung oder starke Flankenatmung auftritt. Wenn das Kaninchen seinen Kopf in den Nacken legt oder den Mund öffnet, um besser atmen zu können, sollten Sie schnell reagieren.

Bewegungsverhalten, das von den normalen Be-wegungsabläufen abweicht, ist zu beobachten. Lahmt das Tier, humpelt, stehen die Gliedmaßen ab oder geht das Tier in eine Schonhaltung, so sollte ein Röntgen-bild beim Tierarzt angefertigt werden. Dies kann unter Umständen auf Brüche zurückzuführen sein. Bitte kontrollieren Sie auch die Läufe des Vierbeiners. Wun-den sind meist oberflächlich und dadurch sichtbar. Auch eine geänderte Haltung des Kopfes ist ein Zei-chen für eine Krankheit. Chinaseuche ist eine der häu-figsten Erkrankungen bei Kaninchen. Im Fachjargon wird sie als RHD oder das später dazugekommene RHD2 Virus betitelt. Dieses Virus ist sehr resistent ge-genüber Temperaturen und wird durch Mücken oder Zecken indirekt oder direkt über bereits infizierte Tiere übertragen. Es überlebt im Kadaver eines Tieres noch Jahrzehnte. Wenn Wildkaninchen oder Hasen also da-ran verenden, geht es in den Boden und so unter Um-ständen in Nahrungsquellen für Kaninchen über.

Dieses Virus führt in 80 Prozent zum Tode und das

binnen 36 Stunden. Wenn ein fittes und gesundes Tier sehr plötzlich verstirbt, kann dies auf RHD zurückzuführen sein. Die Tiere sind kurz vor dem Tod apathisch und haben Fieber oder Untertemperatur. Findet man das tote Tier im Gehege oder Stall, so liegt es mit in den Nacken geworfenem Kopf da. Sofern Sie eine Sofortmaßnahme beginnen können, sollten Sie das betroffene Tier in eine völlig unbelastete Umgebung separieren.

Auch wir können das Virus übertragen, daher sollte alles gründlich gereinigt werden und mit einem virus-wirksamen Desinfektionsmittel bearbeitet werden. Meerrettich wirkt im Allgemeinen gegen Viren und kann gerieben zugefüttert werden. Bitte sprechen Sie sofort mit einem Tierarzt, was zu tun ist. Gegen diese Seuche gibt es einen Impfstoff, der allgemein verabreicht werden sollte.

E. Cuniculi ist eigentlich ein Parasit, der häufig schon im Mutterleib übertragen wird. Viele Kaninchen tragen ihn bereits in sich, ohne dass sie je Symptome zeigen. Wenn die Symptome auftreten, dann vor allem in gut durchbluteten Organen oder dem zentralen Nervensystem. Auch die Augen, Nieren oder das Herz und die Lunge können von dem Parasiten angegriffen werden. Häufig äußert sich die Krankheit als schiefe

Kopfhaltung, weshalb die Krankheit auch Schiefkopf-Krankheit genannt wird.

Aber auch Augenerkrankungen, Inkontinenz, Lähmungen oder ein chronisch geschwächtes Immunsystem können auf den Erreger deuten. Er ist hoch ansteckend, daher sollten neue Kaninchen vorher darauf getestet werden, bevor sie in eine neue Gruppe einziehen. Gesunde Kaninchen, die diesen Erreger in sich tragen, halten ihn sehr gut unter Kontrolle. Geraten sie jedoch in eine starke Stresssituation oder erleiden eine Immunschwäche, so nährt sich der Erreger daran und bricht aus. Stresssituationen können auch eine Einzelhaltung oder schlechte Haltungsbedingungen sein. Bitte gehen Sie bei diesen Anzeichen zu einem fachkundigen Tierarzt. Falsche Behandlungen können zum Tod des Tieres führen. Gerade bei diesem Krankheitsbild ist eine korrekte Behandlung sehr wichtig.

Fell- und Haut in einem schlechten Zustand sind meist ein Indikator für einen Pilz oder Milben. Die Anzeichen sind kahle Stellen, permanentes oder häufiges Kratzen, sichtbare Schuppen, krustige oder rote Stellen und wunde Stellen. Uriniert sich das Kaninchen häufig an oder kotet sich an, dann lässt sich das auf eine Harnwegerkrankung zurückführen. Nasse Stellen am Kinn können auf ein Zahnproblem hindeuten. Bei einem

Haarausfall im Frühjahr oder zum Herbst brauchen Sie sich keine Sorgen zu machen, hier wechselt das Kaninchen sein Fell oder setzt welches an.

Auch, wenn ein Weibchen sich Fell ausreist, um damit ein Nest zu bauen, weist dies auf eine Scheinträchtigkeit hin. Dies ist nicht weiter beunruhigend, sollte aber beobachtet werden, sollte es zu häufig auftreten. Dann sollte ein Tierarzt aufgesucht werden. Sofern jedoch ein Kaninchen durch ein anderes kahl gelegt oder gerupft wird, dann ist das ein Zeichen für ein nicht intaktes Gruppengefüge. Gewicht und Fressverhalten sind wichtige Indikatoren für ein gesundheitliches Problem. Magert ein Tier stark ab oder frisst nicht wie gewohnt, sollte es zum Tierarzt. Unbedenklich sind die leichten Gewichtsschwankungen zum Herbst (Zunahme) und im Frühjahr (Abnahme). Das Normalgewicht sollte aber stets beobachtet werden. Nierenversagen, Zahnerkrankungen oder Verdauungsprobleme sind bei Gewichtsabnahme als Ursache zu bedenken. Frisst das Tier schlecht, gar nicht oder fällt Essen aus dem Mund, können auch Schmerzen eine Ursache sein. Da Kaninchen als Wiederkäuer ständig fressen, ist hier sofort zu reagieren.

Krämpfe oder Kopfschiefhaltungen sind neurologische Erscheinungsbilder, dazu zählt man auch

Anfälle. Diese neurologischen Aussetzer können unterschiedliche Gründe haben. Der Parasit E. Cuniculi
kann eine Ursache sein, aber auch eine Ohrenentzün-
dung oder eine Verletzung an der Wirbelsäule kann
dem zugrunde liegen. Eine Diagnostik beim Tierarzt
mittels Blutbild kann bei Krämpfen Gewissheit bringen. Lassen Sie bei einer Kopfschiefhaltung zunächst
die Ohren prüfen oder lassen Sie das Tier röntgen,
wenn es lahmt. Myxomatose, auch Kaninchenpest genannt, ist eine Pockenerkrankung, die zum Tod führen
kann. Überträger sind auch hier Stechmücken, Zecken
oder der Kaninchenfloh.

Das Virus ist noch lange nach der Infektion aktiv
und kann sich noch Monate in einem Kaninchen auf-
halten und übertragbar sein. Das Virus wurde durch
den Menschen verbreitet, um Kaninchenplagen einzu-
dämmen, ursprünglich aus Australien stammend,
wurde es auf einen Gutshof in Frankreich gebracht.
Erste Anzeichen für eine Infektion sind Rötungen und
Schwellungen an den Augen. Es folgen Schwellungen
am Kopf, am Analbereich, den Läufen und am Bauch.
Fieber begleitet die Krankheit wie auch später eine er-
schwerte Atmung und schweres Schlucken.

Meist sterben die Tiere nach ein bis zwei Wochen.
Bei einem hartnäckigen Verlauf auch schon nach

wenigen Tagen. Hier gilt es, sofort zu handeln. Dieses Virus ist ebenfalls ansteckend und das Tier sollte umgehend aus der Gruppe entfernt werden. Das Virus ist kälteresistent, kommt aber mit Wärme nicht gut zurecht. Auch hier hilft Meerrettich. Eine allgemeine Impfung ist hier möglich.

Nase – auch Kaninchen können eine Schniefnase haben. Dabei spricht man aber nicht von einem Schnupfen, sondern womöglich von Atemwegserkrankungen. Indikatoren sind in jedem Fall Ausfluss, kahle Stellen an der Nase oder ob die Nase verklebt ist. Putzt sich das Kaninchen, sollten auch die Vorderpfoten kontrolliert werden. Wenn diese verklebt sind, dann besteht Handlungsbedarf, ebenso, wenn das Kaninchen niest oder sich im wahrsten Sinne des Wortes die Nase putzt. Neben einer Atemwegserkrankung sind auch Zahnprobleme nicht auszuschließen.

Ohren sind die typischen Erkennungsmerkmale der Kaninchen. Umgangssprachlich auch gern als Löffel bezeichnet, können diese sehr gut vom Halter kontrolliert werden. Weisen sie Schorf oder Rötungen auf, sind sie verklebt oder gerötet, verstopft oder zugewachsen, so kann dies auf Milben zurückzuführen sein. Bitte lassen Sie dies bei Ihrem Tierarzt behandeln.

Schnupfen, den bekommen auch Kaninchen. Er

wird auch als Kaninchenschnupfen beschrieben. Was bei uns sehr harmlos daherkommt, kann für Kaninchen tödlich enden. Denn, wer den Schnupfen nicht behandelt, löst eine Kettenreaktion bei einem Kaninchen aus. Der typische Kaninchenschnupfen ist eine Atemwegserkrankung, die mit leichtem Niesen beginnt und sich im Körper bis hin zu Lungenentzündungen und Augenentzündungen ausbreiten kann. Hier ist absoluter Handlungsbedarf. Wie bei den Viruserkrankungen tragen die Kaninchen diese Krankheit bereits in sich. Sie wird durch Stress und falsche Haltungsbedingungen ausgelöst. Das Krankheitsbild sollte jedoch genau analysiert werden, da viele Symptome auch auf andere Ursachen zurückzuführen sind. In jedem Fall ist das Immunsystem wieder aufzubauen. Bitte beraten Sie sich mit Ihrem Tierarzt.

Urin und Kot – Ausscheidungen geben viel Aufschluss darüber, in welchem Gesundheitszustand Ihr Tier ist. Ist der Kot zum Beispiel dunkel und tropfenförmig, weist das auf eine gute, kräuterreiche Ernährung hin. Bedenklich ist Durchfall, den Sie im Einstreu durch eine flüssige Konsistenz erkennen und durch eine hellere Farbgebung. Durchfall führt schnell zur Dehydrierung, was bei Zwergkaninchen schnell zum Tod führen kann. Kaninchen brauchen einen hohen

Wasseranteil im Futter. Daher ist Durchfall so schädlich für sie. Ist der Kot zu hell, lässt dies auf ein schlechtes Heu oder schlechte Grünfütterung zurückschließen. Hier sollten Sie unbedingt die Nahrungsquelle umstellen, da das Kaninchen zu wenig lebenswichtige Nährstoffe aus dem Futter gewinnt. Manchmal scheidet das Tier Kot aus, der wie eine Kette zusammenhängt. Dies sind Haare, die durch Fellpflege in den Darm gelangt sind.

Wenn das Kaninchen es nicht mehr ausscheiden kann, so sollte man den Tierarzt aufsuchen. Im Idealfall lassen Sie den Kot vor der Impfung regelmäßig testen. Der Urin ist bei gesunden Kaninchen leicht trüb, was an der Kalziumverarbeitung liegt. Urin färbt sich auch häufig rot bei Kaninchen. Dies hat unterschiedliche Ursachen, von denen viele unbedenklich sind. Futter oder Medikamente können den Urin verfärben.

Bitte verwechseln Sie dies nicht mit Blut, wenn der Urin gleichmäßig verfärbt ist. Blut würde nicht so daherkommen. Auch Stress kann ein Indikator sein. Wenn Sie auf Nummer sicher gehen wollen, können Sie den Urin testen: Entweder mit einem Taschentuch, wobei Sie den Urin aufsaugen und verfärbt er sich dunkelrot, dann ist Blut darin enthalten, oder mit einem Teststreifen aus der Apotheke. Verdickungen, wenn das Kaninchen aufgebläht ist oder hervorstehende Stellen aufweist, können Schwellungen die Ursache sein. Schwellungen am Augenlid oder im Genitalbereich sind auf Durchfall, Syphilis oder Myxomatose zurückzuführen. Abszesse oder Tumore stellen sich als verschiebbare Klumpen dar. Ist der Bauch hart oder angeschwollen, weist das meist auf Verdauungsstörungen hin. Ist das Gesäuge dick, könnte das Weibchen scheinträchtig sein oder – wenn Sie Nachwuchs wüschen – auch trächtig. Eine Scheinträchtigkeit ist nicht weiter schlimm. Tritt sie häufig auf, sollte das Tier dem Tierarzt vorgestellt werden.

Zähne sind regelmäßig zu kontrollieren. Erkrankungen der Zähne äußern sich entweder durch eine Verfärbung oder auch eine Schiefstellung. Die Schiefstellung kann durch fehlendes Abknabbern entstehen oder durch die Verabreichung von falschem Futter. Ein abgebrochener Zahn tut weh und das Kaninchen wird die Nahrung verweigern. Sind die Vorderzähne zu lang, ist eine Aufnahme der Nahrung nicht oder nur schwer möglich. Das Kaninchen verhungert vor dem Napf. Aber nicht nur sichtbare Schwächen an den Zähnen lassen auf Krankheiten zurückschließen. Magert das Tier ab oder bestehen Verdauungsprobleme, so sollten beim Tierarzt unbedingt auch die Backenzähne kontrolliert werden. Sie als Halter können diese nicht einsehen. Auch Kaninchen knirschen mit den Zähnen. Das kann auf eine Verspannung hindeuten oder Schmerzen. Bitte beobachten Sie das Tier genau, um früh reagieren zu können. Auffällig sind weitere Verhaltensauffälligkeiten, der Kot und die Nahrungsaufnahme.

## TRANSPORT

Für den Transport zum Tierarzt oder allgemein gibt es im Zoofachgeschäft entsprechende Transportboxen. Sie sollten nicht zu klein sein, das Kaninchen sollte sich noch ausgiebig drehen und wenden können.

Wichtig ist, dass man die Transportbox von oben öffnen kann. Dies erleichtert das Herankommen des Tierarztes. Bitte verwenden Sie in der Transportbox kein Einstreu, Ihr Tierarzt wird es Ihnen danken. Idealerweise legen Sie eine saugende Unterlage hinein. Etwas Frischfutter sollte in der Box zur Verfügung gestellt werden, denn Kaninchen brauchen bekanntlich ständig Nahrung, damit der Magen in Bewegung bleibt.

Um das Tier während des Transportes so ruhig wie möglich zu halten, sollten Sie die Box abdecken.

Wichtig dabei ist nur, dass das Kaninchen noch ausreichend Luft bekommt.

Herstellung und Verlag:

BoD – Books on Demand, Norderstedt

ISBN: 9783753482873

1. Auflage

Kontakt: Psiana eCom UG/ Berumer Str. 44/ 26844 Jemgum

Covergestaltung: Fenna Larsson

Coverfoto: depositphotos.com